どうしたらいいかわからない時代に僕が中高生に言いたいこと

内田樹
UCHIDA TATSURU

草思社

はじめに

皆さん、こんにちは。内田樹です。

本書は中高生向けにあちこちで話したことをまとめたアンソロジーです。読者を中高生に限定した本は『先生はえらい』（ちくまプリマー新書）以来20年ぶりだと思います。

中高生に直接話しかける機会はそれほど多くはありませんが、年に二、三度は講演することがあります。そういう時はとにかく必死で話します。なにしろ先方は僕の話を「聴く気」がそもそもないんですから。だって、先生に「集合」と言われて体育館に集められて（そして季節的にだいたい「寒い」か「暑い」かどっちかなんです）、よく知らない人の話を1時間以上聴かされるわけですからね。わくわく期待に胸を膨《ふく》らませて僕を見つめる……なんてことはふつう起きないわけです。だから、とにかく胸を開いてもらって「ちょっとくらいなら話を聴いてもいいか」というオープンマインデッドな気分になって頂かないと打つ手がない。

中高生たちに「胸襟《きょうきん》を開いてもらう」ためには、とにかく正直になるしかありません。皆さんはご存じないかも知れませんけれど、人に話を聴いてもらうために一番大事な条件は「正直に話す」ということなんです。知らなかったでしょう。「大きな声ではっきり話す」とか「論理的に話す」とか「ジョークをまじえて巧みに話す」とかじゃないんです。

正直に話す時、人はしばしば口ごもります。言い淀んだり、つっかえたりするし、数秒間黙り込むこともあります。それはわかりますよね。皆さんだって、例えばずっと好きだった人についに意を決して告白する時に、立て板に水を流すようにぺらぺらと淀みなく話したりしないでしょう。原稿をあらかじめ作っておいて、それを暗記して読み上げたりしないでしょう。そんなことをしたら絶対に相手の胸に届かないということはわかっているから。それより、どんなにつっかえながらでも、その時に自分の心からわきあがってきた思いを言葉にしようとする。そうですよね。「その時に自分の心からわきあがってきた思い」って、だいたい断片的で、輪郭がはっきりしていなくて、でもすごくリアルです。同じ言葉を繰り返したり、途中で長い休止があったり、途中で、「いや、そうじゃなくて、今言ったことは忘れて」と前言撤回《ぜんげんてっかい》したり……そういうものですよね。そして、そういう言葉が一番人の胸に届くということを皆さんだって直感的にはわかっている。

それが「正直に話す」ということです。それがとてもたいせつだと僕は思います。正直に話す言葉は人の胸に響くというコミュニケーションの有効性という理由もありますけれど、それ以上にたいせつなのは、正直に話す時に、人間は知性的・感情的に成長するということです。だって、「自分の気持ちを言い表すもっとうまい言い方はないかな」とじたばたしているわけですからね。これまで自分が使ったことがない言葉であっても、今の気持ちを言い表す時に適切かも知れないと思ったら「えいや」と意を決して使う。これまで口にしたことのない比喩《ひゆ》でも論法でも使う。そうやって人は言葉を豊かにしてゆくことができます。

僕はもう今年75歳の後期高齢者ですけれども、それでも、こうやって文章を書いているうちに少しずつですけれども、そのつど「新しい思考」「新しい感情」を表現することができるようになります。若い頃なら絶対言わなかったことが言えるようになる。言葉がそれだけ豊かになっているのです。

今この本を読んでいるのが何歳の読者なのか、僕にはわかりません。昨日までランドセルを背負っていた12歳かも知れないし、もう選挙権を持っている18歳かも知れない。「中高生」といっても幅がありますからね。でも、誰が相手でも「正直に話す」ということについては変わりません。特に工夫が要《い》るわけでもないんです。ただわからないことは「わからない」と言う。できないことは「できない」と言う。自分の無力や無能をカミングアウトすることを怖がらなければ、人間の使える言葉って本当に豊かになるんです。

逆に、言葉が貧しくなるのは、わからないことなのに「わかったふり」をしたり、できないのに「できるふり」をするからなんです。「ごまかす」と言葉は貧しくなる。知性的・感情的な成長が停滞《ていたい》する。そうなんです。あまり学校では教えませんけど。たしかに、教室に「今学期の目標」として「正直」が掲げてあることなんてなさそうですからね。

でも、「正直と親切」がこの世で一番たいせつなことなんです。これは僕は確信をもって断言できます。学校はその二つを教えるだけで十分だと思います。でも、あまり同意してくださる先生はいなさそうですね。それでも、僕は長く人にものを教える仕事をしてきていますから（学校の先生を40年、武道の師範《しはん》を35年やってきましたから、二業種トータル75年です）こう断言できます。知識であれ技術であれ、若い人にものを伝える時の心構えは「正直かつ親切に」ということです。それに尽《つ》くされる。

皆さんが、これからお読みになる文章は、決して「わかりやすい話」ではありません。でも、「正直かつ親切に」書かれていることはたしかです。だから、安心してお読みになって大丈夫です。「意味がわからない」というところがあっても、気にしないでどんどん読み進んでください。読み終わってから、もう一度頭から読み直したら、一度目にはわからなかったところもわかるようになっているはずですから。

ではまた「おわりに」でお会いしましょう。

目次

ポストコロナの
時代を生きる
君たちへ

コロナ後の世界

大阪市立南高校という高校が今年度でなくなる。他の二つの市立高と統合されて別の高校になるのである。独自な教育をしていた高校で、そこの国語の先生が私の寺子屋ゼミの受講生だった関係で、「さよなら講演」にお招き頂いた。その時に高校生たちにこんな話をした。

皆さんこんにちは。今紹介頂きました、内田です。さいわい、皆さんが教科書で私の書いたものを読んでくださったということなので、どのようなことを話す人間かはだいたいお察しになっていると思います。

こういうところに立つのは久しぶりです。でも、正直言って、こういう環境はしゃべりにくいんです。最近はずっとオンラインでやって、それに慣れてしまって。オンラインだったら自分の部屋からできます。自分の部屋の、自分の椅子《いす》に座って、iPadのスイッチを押せば、すぐにつながって、相手が10人でも100人でも、やることは同じ。ディスプレイに映る自分の顔を見ながら話す。どういうリアクションがあるかはわからない。でも、こういう所に立つと、反応がリアルにわかります。話が受けてないとすぐにわかっちゃうんです。誰も笑ってくれないとなると、いたたまれない気持ちになる。

それに高校生って、こういう所に集められて、「さあ、話を聴きなさい」と先生に言われたって、聴く気にならないものですよね。どちらかと言うと、登壇《とうだん》してきた人物に対して、基本的には警戒心《けいかいしん》とか猜疑心《さいぎしん》とかを抱くものなんです。それが当然だと思います。

僕も高校生だったら、こういう所に集められて、講師の話を聴けと言われたら、たぶん基本的にはあまり心を開かないと思います。頭から話を信じたりはしません。どれくらい信じていいのかと、それなりの警戒心をもって聴く。それが当然だと思います。

でも、それでいいんです。どこまで話を本気にしていいのか疑いながら聴く。そういう姿勢で僕の話を聴いてほしいんです。頭から信じてもらわなくて結構。

それよりは、この人の話をどれくらい信じていいのか、話にどれくらい真実が含まれているか、吟味《ぎんみ》しながら聴いてほしい。だって、皆さんは、僕が本当のことを言っているのかどうか判断基準を持っていないからです。だから、話を聴きながら、この人の話をどれくらい信じてよいのかの判断の「ものさし」を自分の中で、自分で手作りして、それでもって判断してほしいんです。この辺の話はどうも本当らしいから信じてよさそうだ。この話はいまいち信用できないから帰って調べようとか、そういうふうに聴いてください。

今日の演題は「コロナ後の世界を生きる」ということですが、いきなり本題に入らないで、昨日聴いた話からしたいと思います。

僕は神戸にある凱風館《がいふうかん》という道場で「寺子屋ゼミ」という催《もよお》しをしています。道場なので70畳ほどの畳敷《たたみじ》きの場所がありますので、そこに座卓を置いて、毎週火曜日ゼミを開いています。ちょうど昨日ゼミがありました。オンラインでも配信しているので、道場にいたのが10人ちょっと、オンラインで40人ちょっと、全部で50人くらいが参加してくれました。

後期のゼミはこの10月から始まって、「コロナ後の世界」が後期のテーマです。ポストコロナの世界がどうなるかについて、いろんな分野に関する研究発表をしてもらいます。経済とか政治とかも変わりますが、医療も変わるし、学校教育も変わる。さまざまな領域《りょういき》で変化があります。それについてゼミ生たちに興味のある分野を選んでもらって、自由に発表してもらい、みんなで討議《とうぎ》する。そういう形式のゼミです。

受験競争が過熱する中国

先々週が第一回で、僕が全体的なオリエンテーションをして、昨日が研究発表の最初でした。第一回は中国の学校教育がテーマでした。今、中国の学校教育が急激に変化しているという話です。昨日の発表者は大学の先生です。大学で中国語と中国思想を教えていらっしゃる方です。中国語がよくおできになるので、この夏、コロナ後の中国に起きた学校教育の変化について現地のニュースをそのまま報告をしてもらいました。8月の末に起きたことですが、日本のメディアもほとんど報道していないと思います。結構大変なことが中国では起きていました。

中国では受験競争が過熱しています。どういう大学を出るかで就職も年収にも大きな差がつく。だから、小学校から高校まで、親たちは子どもをずっと学習塾に通わせます。それが過熱してきて、子どもに対する負荷が増え過ぎた。そこで政府は「双減《そうげん》政策」というものを出してきました。「双減」というのは「二つのものを減らす」ということです。

一つは子どもの学習時間を減らすこと。最初にやったのは宿題の制限です。小学校1・2年は宿題なし。3年生から6年生までは1日60分で終わる量まで。中学生で1日90分まで。それ以上の量の宿題を出すことが禁止された。

その次に学習塾の非営利化。学習塾で金儲けをしてはいけない、と。これで最大手の学習塾がばたばたと倒産しました。学習塾や英語学校が中国では乱立していたのですけれど、政府の命令で高額の授業料を課金できなくなった。大手の学習塾は株式会社なんですが、株が暴落して、次々に倒産した。

外資系の塾は開業が禁止されました。海外とつながるオンライン教育プログラムも禁止。ネットゲームは時間制限。子どもたちがネットゲームをしていいのは金土日祝日の午後八時から九時までの一時間。

こういうことが政府の命令一つでできるのが中国という国ですけれど、そのために8月の末から9月の初めにかけて、中国の学校では大きな混乱が起きました。

さて、この中国の政策はいったい何を意味しているのでしょうか。ゼミでは、みんなでそれを考えました。

中国はこれまで急成長してきて、大学進学率も50％に達しています。過酷《かこく》な競争のせいで、子どもたちは身体もメンタルも傷ついている。それに学習塾や海外プログラムだと、それなりにお金がかかる。そうすると、お金持ちの子どもは受験競争で有利なポジションに立つことができる。貧しい家の子は、授業料の高い学習塾に通うことはできないし、海外のプログラムも利用できない。それを放置すれば格差が拡大するばかりです。

でも、これまで中国の人はそんなこと全然気にしていなかった。「勝った者が総取りする。負けた者は自己責任」というワイルドなルールでやってきた。今回の措置《そち》はそれにブレーキをかけた。金持ちの子どもだけが有利になるような競争はさせないということになった。

そのニュースを知って、「中国は何でもやることが極端だね」と言って済ますわけにはゆきません。これは何か大きな変化が起きていて、その徴候《ちょうこう》ではないかと僕は思いました。さて、何が起きているのか。

簡単に言うと、国民全員が地位や権力を争って競争して、勝った者が総取りする。敗者は転落して路頭《ろとう》に迷っても、それは自己責任。それが当たり前で、それがフェアだというルールで中国はこれまで急成長を成し遂げたわけです。でも、それがもう続けられなくなった。

これからはできるだけすべての子どもたちに均等な機会を与える。階層格差が再生産されることを防ぐ。そもそも子どもにあまり勉強をさせない。日本の「ゆとり教育」に似たことをしようとしている。「知育、体育、徳育、美育」というスローガンが掲げられて、子どもたちは勉強するだけじゃなくて、身体を鍛えて、美しいものを見て、人間として全方位的にもっと豊かになることが求められるようになりました。勉強だけできればそれでいいものではない。そういう方向に、党中央が方針を決めた。いったいどうしてこんな政策が出てきたのか。昨日もそのことについてずいぶん議論になりました。

僕の考えは、このような受験競争の過熱を放置しておくと、遠からず中国の国力が衰退《すいたい》していくという危機感を中国政府の指導部が抱いたからではないか、というものです。実は中国も日本もよく似ているんです。向こうの方がスケールが10倍ですけれども、起きていることは本質的には似ているところがある。

人口減少が急激に進む日本

日本が人口減少局面にあることは、高校生の皆さんもよくご存じでしょう。日本は２００８年の１億２８０８万人をピークにして、人口が急激に減りだしています。おそらく学校の授業でも教わっていると思いますが、厚労省の試算では２１００年、今から80年後の日本の人口は高位推計で６８００万人、低位推計で３８００万人、中位推計で４８５０万人です。多分このくらいに落ち着くだろうというあたりでも５０００万人を切るんです。今から80年後ですから、皆さんのうちの何人かは生きて22世紀を迎えることができると思いますが、その時の日本の人口は５０００万人を切っているんです。今から80年間で７６００万人減る。年間90万人ペースです。

高齢化も進みます。２０６５年には高齢化率が38・４%、３人に１人は65歳以上という社会になります。そういう時代を経由して、日本の総人口が５０００万人を切る社会を迎える。

皆さんは今どこの学校に進学しようとか、どんな職業に就《つ》こうかとか、考えているわけですけれども、それを決める時に、一番先に勘定《かんじょう》に入れなければいけないのは、日本はこれから急激に人口が減るという社会状況です。短期間にこんな急激な人口減を経験した国は歴史上存在しません。だから、どうしたらいいかわからない。誰も知らないんです。人口減の局面にどう対処したらいいか、成功事例が歴史上にはないんですから。そういう「どうしたらいいかわからない時代」に皆さんは突入してゆくんです。

そんなこと言うとびっくりするかも知れません。なぜ、そんな大事なことなのに、みんなもっと真剣に議論しないんだろうかと、疑問に思うでしょうね。本当にそうなんです。議論しないんです。どうしてこうなったのか原因を探り、現状はどうなっているのかを調査し、どう対処するのか政策を立てるためのセンターが今の日本政府部内には存在しないんです。この巨大な問題に対処するための政府機関がないんです。たしかに「少子化対策」とかはあります。婚活を支援するとか、保育所を増やすとか、教育を無償化《むしょうか》するとか、そういうことをしていますけれども、人口減というのはそんな目先の政策でどうこうなる話ではないんです。

人口減少は止まりません。このことをきちんと受け止めて、それによって産業や教育や医療がどう変わるのか、きちんとした見通しを立てて、これからこうなりますよと、国民にアナウンスする必要があります。

人口減社会のあり方については、いくつかのシナリオがあり得ます。そのシナリオのうちのどれがよいかについて、国民全体で議論して、合意をかたちづくること、それが必要です。日本列島に住むすべての人に関わる大問題なんですから。でも、この問題についての国民的な規模の議論が行われていない。メディアは時々思いついたように人口問題について報道しますが、深く掘り下げるということをしていない。真剣に取り組んでいない。仕方がありません。政治家もメディアも、どうしたらいいのかわからないからです。政治家やメディアに出てくる「専門家」たちは、「どうしたらいいか私は知っている」ということを前提にして自説を語るわけですけれども、人口減については「どうしたらいいか知っている」という人はどこにもいない。歴史上に事例がないからです。14世紀から15世紀にかけてヨーロッパではペストが流行《はや》りました。この時、世界人口3億8000万人のうち1億人近くが死んだと言われています。これが唯一の例外的な人口減です。ペストの場合だったら感染症対策で人口減は防げる。というか、感染症対策以外にすることがありません。でも、今起きている人口減はそれとは違います。人々が自分の意志で子どもを産むことを止めている。これは人類が経験したことのない事態です。だから、それが何を意味するのかも、それにどう対処したらよいのかも、わからない。この問題と向き合い、それに対して然《しか》るべき政策を立てるためには広がりのある想像力と論理的な思考力が必要ですが、現代の日本の政策決定者たちにはそれが欠けています。

でも、これは日本だけの話じゃないんです。世界の先進国で同時多発的に起きている。韓国もすでに2年前2019年に人口がピークアウトして、これから急激な人口減、高齢化局面を迎えます。2060年には日本を抜いて、世界一の高齢社会になる。人口も現在の5200万人から16％減の4400万人になります。韓国の合計特殊出生率は0・72です。少子化が叫ばれている日本でも1・2ですから、驚くべき数字です。

そして、中国です。どうして中国政府が教育政策において、これまでとは全く違う方向に舵《かじ》を切ったのか。これも人口減が理由ではないかと僕は思っています。

中国は2027年に14億人でピークを迎え、それから急激な人口減少と超高齢化時代を迎えます。年間500万人ペースで人口が減ります。生産年齢人口、15歳から64歳までの人が2040年までに1億人減り、代わりに65歳以上の人口が3億2500万人にまで増える。

中国は1979年から2014年まで35年間にわたって「一人っ子政策」を実行していましたから、人口構成がひどくいびつになっています。男女比も均等ではありません。一人っ子では、圧倒的に男性の方が多い。だから、この年齢層の男性たちは配偶者をみつけることが難しくなります。高学歴高収入でないと、なかなか相手が見つからない。一人っ子の男性で、配偶者がいない人の場合、親が死ぬと、妻も子も兄弟姉妹もいない天涯孤独《てんがいこどく》の身となります。この人が困窮《こんきゅう》した場合に、誰が支援するのか。これまでそういう場合のセーフティネットとしては中国社会には親族ネットワークがありました。生活が苦しくなったら、親族を頼ることができた。でも、一人っ子政策と人口減で、その親族ネットワークそのものがなくなった。中国には日本のような社会福祉制度が整備されていません。

これまで急増する人口が潤沢《じゅんたく》なマンパワーと巨大な市場を提供してきた中国ですが、その経済成長のエンジンであった「いくらでも人間がいる」という条件がこのあと失われます。若い人たちの人口が急激に減ってゆく社会で、なお国力を維持しようとしたら、子どもたちを過酷な競争に放り込んで、勝ち残った者にすべてを与えて、負けた者たちは消えるに任せるというような手荒《てあら》な選抜を続けることはできません。とりあえず手元にいる子どもたちすべてに等しく良質な教育機会を提供して、一人一人の潜在可能性を開花させる以外に集団のパフォーマンスを向上させる手立てがない。国民一人一人の力を、取りこぼすことなく引き出すことが必要になる。そうなると、ペーパーテストの点数だけで子どもたちを選別するというような雑なことはできない。

ご存じの通り、中国にはかつて科挙《かきょ》という制度がありました。ペーパーテストで高得点をとる人たちを登用して、権力の中枢《ちゅうすう》に据《す》えた。この人たちはたしかにたいへんな人文学的知識を備えていましたけれど、それ以外の大多数の人は文字も読めなかった。そういう文化資本の偏りのせいで、清朝《しんちょう》はしだいに国力を失って、欧米列強に植民地化された。だから、近代中国では、できるだけ多くの国民が等しく公教育を受けられるような仕組みが作られました。でも、最近になってまたペーパーテストの勝者に権力も財貨も集中するという、昔の科挙のような制度が復活してしまった。科挙のせいで清朝末期の中国は知的な生産力を失った。だから、科挙的な選抜方法を抑制して、国民全員がそれぞれの多様な才能を開花させる方向に軌道修正が行われることになった。たぶん、そういうことではないかと思います。

中国政府は14億の国民を統治《とうち》しなければいけない。でも、14億人というのは19世紀末の世界人口と同じ数です。歴史上、そんな数の国民を統治したことのある政治家は存在しません。だから、中国のトップも必死だと思うんです。たぶん、ものすごく頭のいい人たちが、僕らでは想像できないくらいＩＱの高い人たちが統治システムを設計して運営しているのだと思います。

たしかに中国は時々暴走しますけれど、小手先のごまかしはしません。やる時はいつも巨大なスケールの実験をする。ですから、今回の教育改革も巨視的な見地に立って行われたものだと思います。

それに比べると、どうも日本の遅れが気になります。日本は中国より十年早く人口減少が始まったのに、この十年間、ほとんど何一つ効果的な対策をしないでいる。中国は人口減に対処するために、文化的な資源をエリートに集中するのではなく、できるだけ多くの国民にチャンスを与えるという政策を採用しようとしている。僕はこの政策転換は正解だと思います。若い人の数がこれから激減する中で国力を維持しようとしたら、できるだけとりこぼしなく、できるだけ多くの子どもたちがその才能を開花させる仕組みを設計する方が、ペーパーテストの上位者に資源を集中する雑な仕組みよりも有効であることはたしかです。日本でも、それと同じことをこれからやるべきではないかと思います。

好きなことをやりなさい

日本はこのあともう経済成長はしません。これまでの30年もしていませんが、これからもしません。むしろ経済は縮減してゆく。かつて日本は42年間にわたってGDPランキングでアメリカに次いで世界第2位でした。現在も第3位（2023年には第4位）ですが、一人当たりのGDPは第24位まで低下しました。株式時価総額の世界ランキングで、2000年ではトップ30のうち21社が日本の企業でした。現在トップ30に日本の企業はありません。21社がアメリカ。あとは中国と韓国と台湾とサウジアラビアです。世界経済に占める割合、日本はかつては16％だったのだけれど、現在は6％です。日本だけが沈んでいく。そこにコロナが来た。それが君たちが直面している状況です。

そういう前代未聞《ぜんだいみもん》の状況に日本社会はあります。ですから、君たちがこれからどのような技術や能力を身につけるか、どういう進学先を選ぶか、どういうところに就職するかという時に、これまでならご両親や学校の先生に相談して、「こうすればうまくゆく」という過去の成功体験に従っていたらよかったけれど、申し訳ないけれど、学校の先生たち親たちの持っている進学や就職に関する知識はこれからは使いものになりません。

ですから、先生たちは、生徒に進路相談されたら「わからない」と答える方がむしろ誠実だろうと思います。「この資格さえあれば一生食える」とか、「ここに勤めていれば絶対に安心だ」というようなことはこの先なかなか断言できなくなります。正直言って、僕にもわかりません。わからないなら、子どもたちには「好きなことをやりなさい」と言うのが一番いいと思います。激動期なんですから、どういう職業に就《つ》けば「一生食うに困らない」のか、予測が立たない。だったら、「自分としてはあまりやりたくない仕事だけれど、安全そうだから」というような理由で進路を決めない方がいい。「食えるかどうかわからないけれど、やりたいことだから」という方がいい。「これなら食える」と思って好きでもない仕事に就いて、それで食えなくなったら救いがありませんけれど、やりたいことをして食えなくても、とりあえず誰も恨《うら》まずに済みます。

とはいえ、少しは情報を差し上げないといけないので、知っている限りのことをお話しします。アメリカでは連邦政府機関が「これからどういう職業がなくなってゆくのか」ということについての科学的なリサーチをちゃんと実施しています。今手元にあるのは、2020年に世界経済フォーラムが実施した「これからの5年間でどのくらい職業構成が変わるか」についての調査報告です。これはまだコロナの感染が広がる前の話で、職業構成の変化の主たる要因はAIです。AIの導入とロボット化で、どれくらいの仕事がなくなるかという話です。雇用の消失について、僕が見た最も楽観的な数字が14%、最も悲観的な数字が52%でした。

業種ごとに2020年から2022年までにどれくらい雇用が失われるのか。一番大きいのは金融部門です。20%。製造業が19%。情報産業が17%。一方で、AIが進んでもそれほど雇用が減らない分野があります。AIやロボットでは代替《だいたい》できない生身の人間にしかできない仕事です。医療・介護、それと教育です。医療と教育は人間社会を構成する根幹部分ですが、この根幹部分は機械では代替できません。もう一つ、ＡＩでは入れ替えが利かないのが行政です。医療、教育、行政。これから社会はどんどん変わりますけれど、この三分野については雇用が大きく減ることはないというのが、アメリカでの統計の結果です。

２０１２年、コロナのずっと前ですけれど、アメリカ労働統計局という所が調べた、これから雇用が拡大する分野はどこかという調査があります。１位は看護師です。驚くべきことにこの調査では上位30位のうち７つが医療関係でした。

これはアメリカの話ですが、日本は多くの点でアメリカ社会のありかたに追《つい》随《ずい》しているので、いずれ日本でも同じようなことになると思います。

医療は身体だけを相手にするわけではありません。人間の心も相手にします。医療者は患者の自己治癒能力《じこちゆのうりょく》が最大化するように仕向けることが大事な仕事ですが、患者の心を「治りたい」という強い気持ちに導くというような作業は機械では代行できません。

僕の友人の医療経済学者で、アメリカで25年間働いて最近帰国した方によると、アメリカの地方都市では、その地域の雇用のほとんどを行政と医療と教育が占めているケースがすでにあるそうです。州政府があって、大きな総合病院があって、そして大学がある。行政機関にはかなりの数の公務員が雇用されます。病院には医療従事者、職員、患者、病院のニーズを満たす業者たち、そしてその家族たちがいます。大学には教職員と学生院生がいて、彼らの住む家があり、書店があり、レストランがあり、カフェがあり、ライブハウスがある。ですから、行政、医療、教育という三つの活動だけでも、かなりの規模の経済活動が営まれ、雇用が発生する。三つとも金儲けのための事業ではありません。環境を破壊することもない。そういうセクターがこれからの経済活動の軸になり、雇用の軸になるかも知れません。

AI導入によって失われる雇用のうちで、当面最大のものと見込まれているのはドライバーです。アメリカでは、自動車が自動運転に切り替わるのはもう時間の問題だと思われています。アメリカには、トラックやバスのドライバーが３００万人います。この人たちは自動運転に切り替わると職を失います。馬車から機関車・自動車に切り替わった時でもそうでした。技術革新があるとそれ以前のテクノロジーで食っていた人たちは職を失う。でも、馬車が機関車や自動車に切り替わるまでには、数十年という時間がかかりました。その間に、転職先を探すことができた。馬具屋がカバン屋に商売替えするくらいの時間の余裕がありました。でも、今度の自動運転への切り替えは非常に短い時間で大量の雇用が消える。これを「ＡＩが導入されると失業するような職に就いていた本人の自己責任であるから、政府は関与しない」というわけにはゆきません。失業者の規模が大きすぎますから。この大量の失業者を連邦政府・州政府は生活支援し、再教育し、再雇用の道を保障しなければなりません。そのための議論はすでにずいぶん前から始まっています。

アメリカはこのあとの生産年齢人口が増え続ける唯一の先進国です。日本や中国のような人口減リスクと直面する気づかいが当面ありません。そんなアメリカでさえ、テクノロジーの進化に伴う雇用環境の変化について「最悪の事態」を想定して、対応策を考えている。日本政府が人口減に対処するより、はるかに真剣に考えています。

能力を発揮するには

ここは英語探究科で、英語に力を入れた教育をしているそうですね。でも、君たちにとって一番たいせつなのは受験勉強じゃないんです。情報を得ることです。高校生にとって有益で必要な情報はネット上でみつけることができます。皆さんは一般の高校生より、英語発信の情報に触れて、それを噛《か》み砕《くだ》いて説明できるスキルを身につけているはずです。だったら、それを活用してほしい。日本のマスコミで情報を取っているだけでは、日本でも世界でも、何が起きているのかわかりません。ポストコロナの時代に何が起きるのかはわかりません。英語科の皆さんには、『ニューヨーク・タイムズ』のネット版を読んでほしいと思います。大した額ではないんです。月額2千円くらいです。高校生にはきついか（笑）。でも、払わなくてもTwitter（現・X）でリードくらいは読めますから。とりあえず見出しだけでも読んでおけば、今世界で何が起きているか、だいたいのことはわかります。

君たちがさしあたり直面するのは、受験と雇用です。何を勉強したいのか、決めるのは自分です。大事なのは何をしたいかです。学術領域を選ぶ時に、将来的に安定した職業に就けるというような動機では選ぶべきではありません。それだと自分の持っている潜在能力の100%までしか出せません。100が上限です。でも、人間は潜在能力の150%とか200%とかまで出そうと思えば出せるんです。自分で想像している以上の能力を発揮できる。そのことに寝食忘れて熱中する。面白くてしょうがないという時に、その人の潜在能力が爆発的に発揮される。そういう分野を探り当てるのが皆さんの仕事です。

先ほど日本の将来が悲観的であることを言いましたが、それをV字回復させる可能性を持っているのは、君たちです。君たち一人一人が100の期待値を150や200にする。それをしてくれたら、日本の再生は実現できます。

実際には自分の能力の100まで出し切っている人さえそれほど多くはありません。この学校も「いじめ」はあると思いますけれど、それは本当に許しがたいことだと思います。君たちの級友たちは、これから社会を共に支えてゆくたいせつなパートナーなんです。その人たちがいずれ発揮できるかも知れない能力を損なってどうするんですか。追い込んで生きる気力をなくしたり、学校に来なくなったりするのは、同世代全体にとっての損失なんです。だって、この仲間だけでやっていくしかないんですから。競争して、勝った者が「総取り」して、負けた者は何ももらえない。そういう新自由主義的な考えと「いじめ」はなじみがいいんです。競争で勝つことだけが大事であるなら、競争相手である同世代の全員が心に傷を負ったり、生きる意欲を失ってくれている方が競争に勝つチャンスは高まる。自分と同学齢《がくれい》の人たちが、自分より無能で無力である方が競争では有利になる。ですから、新自由主義的な競争になじんだ人たちは、無意識的に、ほとんど自動的に、周《まわ》りにいる人間の生きる意欲を損なうようなふるまいをする。別に悪意があってやっているわけじゃないんです。それがもう自然になっている。

ですから、一握りの勝者がいて、あとは累々《るいるい》たる敗者の屍《しかばね》……という競争社会は集団としてはとても弱いものになる。集団として生きる力が衰えてゆく。

君たちがこれから迎える時代は本当に厳しい時代です。お互いに足を引っ張り合う競争なんかしている暇はありません。そんなことをしていたら共倒れになる。周りを見渡して、隣にいる人がどんな才能を持っているか、どんな資質があるのか、まだ発揮していないどんな力があるのか、それを見出して、どうしたらその才能が開花するのか、それを見きわめることが一番たいせつです。友だちの成長を支援する。そうすることによって、集団としての生きる力を高めてゆく。

人間は一人では何もできません。僕たちが価値あるものを創り出すことができるのはさまざまな人たちと共同作業をすることを通じてです。だから、同世代の仲間が大事なんです。一緒にチームを組んで、共同作業でお互いに手持ちの100％を超える能力を発揮する。そういう価値創造的な働き方をこれからはしなければいけない。ですから、隣にいる仲間を見て、さあ、どうやったらこの人が機嫌《きげん》よく働いて、次々と新しいアイデアを生み出してくれるか、それをどうサポートしたらよいのか、それを君たちの世代はまず考えないといけないんです。

僕らの世代は競争的な環境でした。周りを蹴落として出世することが奨励《しょうれい》されていた。それが可能だったのは、子どもがいくらでもいたからです。高度経済成長期ですから、勝者が取るだけとっても、まだまだたっぷりと分配する資源が残っていた。本当にそうだったんです。仕事だってそうでした。高度成長期にはいくらでも仕事があった。あらゆる業界が「猫の手も借りたい」くらいに忙しかったんです。だから、「猫の手」程度の社会的能力しかない人間にも次々と仕事は回ってきた。そんな豊かな時代だからこそ、「勝者が総取り」というようなワイルドな競争をすることができたんです。

でも、今は環境が違います。環境が変わった以上、生存戦略も変わります。国民同士を競争させていれば国力が上昇する時期もあるし、そんなことをしたら国が衰退《すいたい》するという時期もある。今の日本には同世代で競争なんかしている余裕はありません。同世代の間で相対的な優劣を競って、足を引っ張り合っていたら、たちまち共倒れする。だから、頭を切り換えなければならない。「競争」から「共生」に頭を切り換えなければならない。

君たちはある意味でもっと利己的になっていいんです。どうやって自己利益を最大化するか、それを考えたら、相対的な優劣を競う暇なんかないということに気づくはずです。競争する人は、周りの人たちが自分より無能で無力であることを願うようになります。自分以外の全員が「バカ」という時に競争優位は安定する。でも、自分以外の全員が「バカ」というような無力で無能な集団が生き延びられるはずがありません。生き延びるためには、できることなら全員がさまざまな分野で有能であることが望ましい。そういう人たちと共同作業するなら、集団全体としては堂々たるパフォーマンスを示すことができる。そういうチームでは誰も競争的なマインドは持たない。自分は誰より優れているのか、自分は誰より劣っているか、そんなことは考えない。だって、そういうチームでは、全員がそれぞれに「余人《よじん》を以《もっ》ては代え難《がた》い」固有の才能を発揮しているからです。固有であるということは比較できないということです。

昔から『荒野《こうや》の七人』とか『ナバロンの要塞《ようさい》』とか『スパイ大作戦』とか、少数精鋭のチームで困難なミッションを達成するというドラマがありました。喩《たと》えが古すぎて、皆さんにはわからないかも知れないけれど、そういう映画やドラマがたくさんあったんです。こういうチームでは、全員が特殊技能の持ち主です。爆弾の専門家、機械の専門家、変装の専門家、外国語の専門家……そういう特殊技能を持った人たちが集まってチームを作る。そんなチームでは、誰も仲間の能力の相対的な優劣を語りません。優劣を論じることができない。全員がばらばらの能力を持っているからです。でも、それが生き延びることのできる集団なのです。そういう人類学的教訓を、物語を通じて僕たちは学んできたのです。皆さんも、これから日本が衰えてゆくという危機的状況を生き延びるためには、そういう集団を作ってゆかなければならない。

「学級崩壊」という異常な事態が以前よく報道されました。今もあるかも知れません。あれは競争的なマインドがもたらしたものだと僕は思います。全員が同学齢《がくれい》集団内部での相対的な優劣を競う競争で自分だけが勝ち残ろうとしたら、学級崩壊するのは必然的なんです。最少の学習努力で競争に勝とうと思うなら、周りの級友たちの学習を妨害するのが最も効率的だからです。だから、立ち歩いたり、話しかけたり、いじめたり、教師の授業を妨げたりして、級友たちが勉強に集中できないような環境を作り出す。たしかに、周りの人たちの学習を妨害すれば、自分の相対的なポジションは少し上がるかも知れません。でも、集団全体としての学力は下がる。連帯感も失われるし、共同作業する意欲も能力も損なわれる。

競争をさせると一人一人が活動的になって、その結果集団全体の力が上がるということも実際にはあります。日本でも中国でもアメリカでもそういう時代はありました。でも、そういうことができるのは、社会が豊かで、分かち合う資源が潤沢《じゅんたく》な場合だけです。でも、これからはもうそういう時代ではありません。歴史的環境が変わると、生き方も変わる。これからは競争から共生へ、生き方を変えなければならない。これは道徳的な話をしているわけではありません。そうではなくて、そうしないと生き延びられないという非常に生々しい話なんです。

まだ日本は十分に豊かです。温帯モンスーンの肥沃《ひよく》な土地が広がり、きれいな水資源が潤沢ですし、動物相《どうぶつそう》も植物相《しょくぶつそう》も多様で、空気も澄んでいる。自然環境には大変恵まれています。治安もいいし、社会的インフラも充実しているし、教育も医療も質量ともに整備されています。これはたいせつな国民資源です。この資源をこれからたいせつに有効に使って、みんなで新しいアイデアを出し合って、お互いに励まし合ってゆけば、日本の国力を回復させることはできない話ではありません。すべて工夫次第です。でも、今までのやり方を続けていたのでは、国力は衰微《すいび》してゆくだけです。頭を切り換えないといけない。どうしたら自分の潜在能力を開花させることができるか、どうやったら自分のパフォーマンスを最大化できるか。どうやったら自分の頭がもっとよくなるか。それを真剣に考える。「頭がよくなる」というのは、試験の成績が上がるということではありません。自分の頭が活動的になるということです。自分の頭が活動的になるのを妨げているのは、自分自身です。知性がのびのびと活動するのを妨げているのは、自分自身です。その妨害を解除すること。それが「頭がよくなる」ということです。

僕は武道の道場をやっているからよくわかりますが、技を教えても、どうしてもうまく動けない人がいます。それを「運動能力が低い」というふうに言っても意味がないんです。筋肉をつけたり、走り込みをしたりしたからといって技がうまくなるということはないんです。自分の動きを妨害しているのは自分自身だからです。自分で自分の動きを止めている。技がかからないのは、相手が抵抗しているからではなく、自分で自分の動きを邪魔しているからなんです。相手に勝とうとする競争的な気持ちが身体能力の自由な発現を妨げている。必要なのは、自然に、のびのびと、気持ちよく動くことなんです。合理的な動き、自分にとって快適な動き、それが正しい動きです。

脳も同じです。どういう脳の使い方をしたら知的なパフォーマンスが上がるか。これには一般的なやり方はありません。一人一人が考えて、工夫するしかありません。でも、これが君たちにとって最優先の課題です。どうしたら自分の頭はよくなるのか。どうすれば自分の知的パフォーマンスは上がるのか。そんなに難しいことじゃありません。あることをすると知的パフォーマンスは上がり、あることをすると下がる。だから上がることをすればいいんです。怒ったり、悲しんだり、怖がったり、羨《うらや》んだりしていると、頭は働かなくなる。機嫌よく暮らして、深く呼吸できて、よく寝て、よく食べて、次々と「したいこと」が思い浮かぶのが頭がよい時です。周《まわ》りとは関係ありません。勝敗や優劣とも関係ない。自分自身だけにかかわる問題です。どうすれば、機嫌よくなるか、それは一人一人違います。

隣の人に親切に

今、君たちを見て一番気の毒だなと思うのは、自分で進路を決められないということです。お金がかかり過ぎるから。

僕は1970年に大学に入りました。その時、国立大学の授業料は年間1万2千円でした。月千円です。入学金が4千円でしたから、入学金と半期授業料の1万円で大学生になれました。今とは貨幣価値がだいぶ違いますが、それでも、大学一年の時の学習塾のバイトの時給が600円でした。2時間働くと月謝が払えた勘定です。それに、1万円なら高校生だって持っていました。お年玉を貯めたら、それくらいにはなります。だから、進学する時に、どうしてもやりたいということがあったら、親が反対しても、「自分で学費出すから」と言えた。ですから、当時は「不本意入学」というのは少なかった。国公立大学であれば、親にお金を出してもらわなくても、好きな進学先を自分で選べた。

まさにその頃が日本の大学の学術的な発信力が最高だった。当たり前ですよね。親や周囲の反対を押し切って、「やりたい勉強をしたい」と言って大学に行ったわけですから、それなりの成果を出さないと格好がつきません。自分の進学先の選択が正しかったことを証明するためには、毎日にこにこうれしそうに通学するのが一番効果的です。そんな様子を見せれば、「そんな学校へ行ってどうすんだ」と文句をつけた人たちを見返すことができる。自分の選択を批判した人たちを見返す最高の復讐《ふくしゅう》は「楽しげな笑い声」を聴かせることなんです。

逆に、行きたくないのに親に無理やり進学先を決められると、親の選択が間違っていたことを証明したくなる。毎日不機嫌に学校に通い、勉強もろくにせず、大学に四年間通ったけれど、「お金をどぶに捨てたようなものだ」と親に思わせるのが最も効果的な「復讐」になる。でも、親の判断が間違っていたことを証明するために、わざわざ努力して不幸になってみせるとは、まことにもったいない人生の過ごし方です。

君たちの人生にはそんな暇はありません。誰かに仕返しをする人生なんて、そんな無駄なことをする余裕は君たちにはない。それよりは、どうやって自分の潜在能力を開花させるか、どうやって自分の頭を活発に働かせるか、それを考える。周囲に目をやって、どうやったら隣にいる友人がもっと機嫌よくなるか、もっと活動的になるか、もっと創造的になるか、それを考える。そんなに難しいことではありません。親切にすればいい。「隣の人に親切に」。これが一番大事なことです。簡単ですよね。でも、簡単だけれど、本当に有効なんです。友だちが何かしたいと言ったら「やんなよ」と応援する。不安がっていたら「大丈夫だよ」と肩を叩く。「君には才能があるから」と励ます。それだけでいい。それだけで十分に集団的なパフォーマンスは向上します。

これから日本社会がどうなるか、僕には予測はつきません。誰も「正しい生き方」の正解を知りません。だったら、自分が生きたいように生きればいい。他人の真似をするとか、他人に命令されるとか、他人からの査定を気にするとかではなく、自分のやりたいことをする。そして、周りにいる友だちがやりたいことをすることを支援する。そうすることによって君たちの世代全体の能力を高める。それが君たちに与えられた世代的なミッションなんです。

この辺で話を終わりたいと思います。ご清聴《せいちょう》ありがとうございました。

（2022年1月12日）

今、
中高生に伝えたいこと。
進路について

「今、中高生に伝えたいこと。進路について」というお題を頂きました。

でも、進路について僕から皆さんに特に伝えたいことはないんです。「好きにすればいい」という一言でおしまいです。無責任に聴こえるかも知れませんが、「好きにする」のって結構大変なんですよ。

だって、皆さんが「これから好きに生きたい」と言って進路の希望を述べたら、たぶんおおかたの親御《おやご》さんは「ダメ」と言うはずだからです。「世の中、そんなに甘くないぞ」とか「好きなことをして食っていけると思っているのか」とか「嫌なことを我慢するから給料がもらえるんだぞ」とか、いろいろ。

もちろん、そんな親のダメ出しに対してはびくともせずに「いいえ、好きにさせてもらいます」と好きにするのが正しい子どもの生き方です。これは僕が保証します。

でも、好きに生きたら必ず成功するというわけではありません（そんなはずがない）。好きに生きてもしばしば失敗します。でも、いいじゃないですか。

自分で選んだことなんだから。誰のせいでもない。親が「こういう学校に行って、こういう職業に就《つ》け」と命じたのに従って、不本意ながらそういう進路をたどった末に「人生に失敗した」と思ったら、救いがありません。他人を恨んでも仕方がない。「オレの人生を返せ」なんて泣いて叫んでも誰も返してくれません。それなら、自分で好きな道を進んで、自分の無知と幼児性をあとから恥じる方が100倍もましです。

でも、繰り返し申し上げますけれど、好きなことをして生きてゆくのは大変です。にこにこ笑って「おお、そうか好きにしなさい。なあにお金のことは心配するな」と言ってくれるような鷹揚《おうよう》な親は世間にはあまりいませんから（僕はその例外的な一人でしたけれど）。ふつうの親は「ダメ」と言います。そこから親子の対立とか断絶とか家出とかそういうドラマティックな展開になるわけです。でも、どうしてそんな面倒なことをするんでしょうね。好きにさせてあげればいいのに。

とはいえ、「好きにしたらいいよ」と言うと多くの子どもは「ロックスターになりたい」とか「マンガ家になりたい」とか「モデルになりたい」とか、それはちょっと無理じゃないか的な願望を語るので、親御さんとしても簡単には首を縦に振れない事情があるんです。でも、これは心を鬼にして（というか仏にして）、そういう夢想を語る子どもに対しても「まあ、好きにしたらいいさ」と言ってあげるのが親心というものだと僕は思います（頷《うなず》いてくださる親御さんは少ないとは思いますが）。

でも、自分の経験を踏まえて申し上げますけれど、子どもの進路について「まあ、好きにしたらいいよ」という宥和《ゆうわ》的対応をしておくと、それからあとの数十年にわたる親子関係はわりと穏やかで、友好的なものになります。ロックスターになれなかった子どもに向かって「ざまあみろ。だから言ったじゃないか」とせせら笑う親御さんよりは「そうか残念だったねえ。まあ、別の生き方もいろいろあるよ」と優しく慰めてくれる親御さんの方が子どもにとってはずっと「都合のよい親」ですからね。

これはさらに声を大にして申し上げますけれど、「いい親」というのは「子どもにとって都合のよい親」のことです。

今「違う」と思った人はご自身の子ども時代を思い出してください。10代の頃切望していたのは「お金は出すが口は出さない親」だったでしょう。自分の親がそんな「都合のよい親」だったらどんなに幸せだろうと子どもの頃には思いませんでしたか。だったら、その子ども時代の願望を自分が親になった今実現してあげましょうよ。

たしかにそんな「都合のよい親」は子どもの成長を妨《さまた》げるかも知れません。でも、大丈夫ですよ。好きに生きたって、子どもたちはやっぱりきちんと挫折《ざせつ》したり、他の人たちに傷つけられたりして、いつの間にか人間的成長を遂げますから。親が「子どもを傷つける役」をわざわざ引き受ける必要ないです。

すみません。「今、中高生に伝えたい進路の話」をするつもりが、「中高生の親御さんへのアドバイス」になってしまいました。でもいいですよね。この二つは同じ一つの出来事の裏表なんですから。

（桐生タイムス10月11日／2024年10月20日）

無数の「助けて」を聴き取ること

修学旅行で関西に来ている高校二年生200人のための講演を頼まれた。日本の未来を担《にな》う若者たちである。長く生きてきた人間としてはどうしても言っておきたいことがある。喜んで引き受けた。

でも、高校生はせっかくの楽しい修学旅行の最中に（それも晩ご飯の前に）知らない男の説教なんか聞きたくもないだろう。先方は「聴く気がない」、こちらは「袖《そで》にすがっても言いたいことがある」。合意形成は難しい。とはいえこちらも教壇に立つこと半世紀という老狐《ろうこ》である。絶対に寝かさないで最後まで話を聴かせる術《すべ》は心得ている。

それほどたいしたことではない。準備したことではなく、その場で思いついたことを話すのである。その場で思いついたことだから、うまい言葉がみつからない。時々絶句する。でも、絶句というのは聴衆を引き付ける上ではまことに有効なのである。

結婚式のスピーチで、用意してきた台詞《せりふ》を忘れて、頭が真っ白になって立ち尽くしている来賓《らいひん》がいたりすると、式場は「しん」と静まり返る。全員が注視する。

講演も理屈はそれと同じである。何か言いたいことがあるらしいが、うまい言葉が見つからないで絶句している人が壇上でマイクを握っていれば、高校生だって目を覚ましてくれるだろう。

私が高校生たちに言いたいことはたくさんある。孤立を恐れるな。多数派に従うな。自分の直感に従え。愛と共感の上に人間関係を築くな。ものごとを根源的に思考しろ、などなど。でも、私がした話の中で高校生たちが一番はっきりとした反応を示したのは、「助けて」というシグナルを聴き落とすなという話だった。

「助けて」という救難信号を発信している人がいる。君はそれを聴き取った。周《まわ》りを見渡すと誰も気づかないらしく、そ知らぬ顔で通り過ぎてゆく。でも、君には「助けて」が聴こえた。だとしたら、それは君が「選ばれた」ということである。だったらためらうことはない。近づいて、手を差し伸べなさい。

「助けて」にはいろいろな変奏《へんそう》がある。最もカジュアルなのは「ちょっと手を貸してくれない？」という文型をとる。この「ちょっと手を貸してくれない」という声も多くの人の耳には聞こえない。でも、君はそれを聴き取ってしまった。それは「悪いけど、そこのドア開けてくれる？」とか「その紙の端っこをちょっと押さえててくれる？」くらいのごく簡単な仕事だったりする。でも、「あ、いいですよ」の後の「どうもありがとう」から「何か」が始まることがある。他の人には聴こえない「助けて」が君には聴き取れたのだからそれは君一人のために用意された機会だったのだ。

「天職」に人が出会うのはたいていこの「ちょっと手を貸してくれる？」に応じたことによってである。私はそうだった。

君たちはこれからの人生で無数の「助けて」を聴き取ることになると思う。聴き取れる「助けて」は一人ずつ違う。それは君だけに向けられた救難信号なのだ。だから、決して聴き逃さないようにね。

そう言って講演を終えた。高校生たちは目を丸くして私を見つめていた。生徒代表の女子が私に花束を差し出しながらにっこり笑って「『助けて』を聴き逃さないようにします」と言ってくれた。

（2023年10月14日）

天職とは、
仕事の方から
呼びかけてくる

集団全体の知的パフォーマンスを向上させる

ある教育雑誌から受験についてのインタビューを受けたので、採録。

――今の教育や受験制度についてどう思われますか。

受験は、同学齢《がくれい》集団内部で「誰でもができること」を「他の人よりうまくできる」競争です。でも、「競争」と「学び」は違うものです。そして、僕が経験的に言えるのは、相対的な優劣をどれほど激しく競わせても、それによって集団全体の知的なパフォーマンスが向上することはないということです。競争を強《し》いると個人的には力を伸ばす人もいますが、集団全体としては弱くなる。

僕がかかわっていたフランス文学研究の世界でも、就職が難しくなってきてから、受験同様、研究者の間で優劣を競うようになりました。限られた教員の専任ポストを巡っての競争ですから、当然厳密な査定が必要になります。そして、精度の高い査定をするためには、「研究者ができるだけ多い分野」で「他の人より優れた業績」を上げることが求められます。当然ですね。できるだけ母数《ぼすう》が多い集団に属している方が、競争は厳しいけれども、査定の客観性は高くなる。僕のように「他に誰も研究する人のいない分野」を研究する人間は、うっかりすると仏文学界《ふつぶんがっかい》内部では「母数ゼロ」になる。比較する対象がいないから「査定不能」とみなされる。「査定不能」ということは「零点《れいてん》」と同義です。それでは困るので、精密な査定を求める若い研究者たちが19世紀の小説に集中することになりました。この分野には日本人の研究者で世界レベルの学者が揃《そろ》っていたので、査定が厳密であると信じられていたからです。

査定が厳密であるのはむろんよいことです。でも、その結果、若く野心的な研究者たちは査定の厳密な分野に集中し、専門家以外にはさっぱり意味のわからないトリヴィアルな研究に打ち込むようになった。その分野での研究レベルはたしかに向上しました。レベルは向上したのですが、フランス文学科に進学してくる学生はむしろ減ってしまった。「むしろ」どころか激減した。

当たり前ですよね。だって、学会内部で「内輪《うちわ》のパーティ」をしているわけですから、日本の中学生や高校生に向かって「フランス文学研究って面白いよ。君たちも仏文科に来て、いっしょに楽しく勉強しようよ」と親身になって語りかける学者がいなくなってしまった。世界的レベルの仕事をするために必死な学者にそんな暇があるはずがない。

でも、日本の子どもたちに向かってフランスの文学や哲学に触れることがいかに愉快な知的活動であるかを告知し宣布《せんぶ》する仕事を仏文学者がしなければ、そんな面倒な仕事は誰も代わってはしてくれません。そして、競争や査定に夢中になっているうちに、はっと気がついたら、大学の仏文学科に進学してくる学生がいなくなってしまった……そして、進学してくる学生がいなければ、仏文学科を設置しておく理由がないから仏文学者のための大学教員のポストそのものがなくなってしまった。そんなふうにして、仏文学科でレベルの高い競争をして、限りあるポストを争っているうちに、仏文学科そのものがこの世から消滅してしまった。本当に笑えない話です。

学問は集団全体の知的パフォーマンスを向上させるために存在します。仮に卓越した学者がいても、彼らの業績の価値が集団的に認知され、知的資源として「公共的に」利用される手立てが整っていなければ、その業績は生かされない。重要なのは集団的なしかたで知性を活性化させることです。

受験勉強も同じです。「みんながしていること」を「他の人よりうまくやる」競争ですから、特定分野での知識や技能は向上するでしょう。でも、集団全体の知的水準は下がります。だって、「他の人がしないこと」に興味を持つことに対して強い規制がかかるからです。「そんなことをしても受験の役にまったく立たないぞ」という言葉で、子どもたちのさまざまな知的関心が抑制されてしまう。

でも、人類の歴史が教えているのは、「さしあたりは受験の役に立たない」ような知的活動がしばしば集団的な規模での知的ブレークスルーをもたらしてきたということです。受験勉強をさせることには社会的な意味があることは僕も認めます。でも、その代償《だいしょう》として、場合によっては致命的な知的リスクを集団的な規模で引き受けているということについてはもっと警戒心を抱くべきだと思います。

外国語を学ぶことの意義

——今、重要視されている英語教育についてはどうでしょうか？

今の英語教育は、外国語の学び方としては目指している方向が違うように思います。外国語を学ぶことはとても大事です。人間的成長のためには「不可欠」と言ってもよい。でも、今学校でやっている英語教育は「人間的成長」ということを目標にはしていないように思えます。

外国語の学習には「目標言語」と「目標文化」があります。「目標言語」が英語の場合、目標文化は「英語圏の文化」です。その言語を学ぶと、それを足場にしてその言語圏の文化の深みにアクセスできる。母語の外に出て異文化圏に入り込み、母語とは違うロジック、違う感情を追体験すること、それが外国語を学ぶことのもたらす最大の贈り物です。母語には存在しない概念に出会い、母語には存在しない時間意識や空間意識の中に入り込み、母語には存在しない音韻《おんいん》を母語を語っている限り決して使わない器官を用いて発音する……。これはどれも知性的にも感情的にもきわめて生産的な経験です。

例えば、フランス語には複合過去と半過去という二つの過去時制がありますが、このニュアンスの違いは日本語話者にはなかなか理解できません。過去時制が二つあるのは、フランス語話者が時間の流れを「完了」と「未完了」の二つの相《そう》で理解するという特異な時間意識を持っているからです。

例えば、J'ai oublié la clef. というのは「私は鍵を忘れた」という意味です。これは完了相。でも、似たような状況について、もう一つ言い方があります。J'oubliais la clef. こちらも過去の話なんですけれど、これは「私は鍵を忘れるところだった」という意味。つまり、「鍵を忘れ始めたが、忘れ切らなかった」ので、最終的にちゃんと鍵を持ってでかけたということです。こちらが未完了相。

過去だけじゃなくて現在にも使います。Je suis sorti. は「私は出かけた」という完了相。もう出かけてしまっています。でも、Je sortais. は「今出るところ」

という意味です。もう靴《くつ》も履《は》いて、カバンも持って、コートもはおったけれど、まだドアノブに手が届かない……という中途半端な状態を表します。こちらは「出かけ始めたけれども、まだ出かけ切っていない」。

不思議ですよね、そんなところで時制を切り分けるのって。とにかく日本語では、そんな時制の分け方はしません。そして、時間意識が違えば、世界の見え方も違うし、人間の行動の解釈《かいしゃく》も違うし、極論《きょくろん》すれば宇宙観まで変わる。そういうものだと思います。そして、自分たちとはまったく違う枠組みを通じて世界を見ている人たちがいるという事実を知ることは、個人の人間的成長だけでなく、人類が共同的に生きてゆくためには必須《ひっす》のことです。

外国語学習は何よりもまずそのような人間的事業として営まれるべきだと僕は思います。でも、現在行われている英語学習は「リンガフランカ」としての英語、コミュニケーションツールとしての英語の習得が目的化していて、もはや「目標文化」というものがありません。「目標言語」はあるが、「目標文化」

がない。

実際に、ある時期から大学の英米文学科に進学する学生の選択理由のほとんどが「英語を習得して、英語を活《い》かした職業に就《つ》きたい」になりました。英米文学を研究したいという理由で学科選択をする学生が全体の数パーセントしかいないということなら、英米文学科にはもう存在理由がありません。英語がうまくなりたいというのが目的なら、英米文学科に進学するよりもネイティブ・スピーカーが教える英語学校に通った方がいい。その方が学費も安いし、無駄な単位を取る必要もない。そういう理由で日本中の大学から今英米文学科が消えつつあります。あと十年もしたらゼロになるかも知れません。

繰り返しますが、コミュニケーションツールとして英語を学ぶことは端的《たんてき》に「よいこと」です。でも、「目標文化」を持たない外国語学習をいくらしても、それは学習者のアイデンティティーをより強固《きょうこ》にすることはあっても、母語的なものの見方を揺るがされるということはありません。つまり、外国語を学んでも、自己刷新に導かれないということです。

今の英語学習者たちの学習を動機づけているのは、とりあえず試験で高いスコアをとること、偏差値の高い大学に入ること、高い年収と社会的地位を得ることです。それは100%「母語世界内部的」な現実に身を添わせることです。母語世界内部的なものの見方を強化するために外国語を学習するというのがどれほど非論理的な営みであるかに気づかない人たちが英語学習の制度設計をしている。その没《ぼっ》論理性に僕は慄然《りつぜん》とするのですが、ほとんどの人はそれに気づかないでいるようです。

学びを通じて別人になる

――真の意味で「学ぶ」とはどういうことをいうのでしょうか。

多くの人は、「学ぶ」というのは所有する知識や情報や技術の総量を増やすことだと思っていますが、それは違います。「学ぶ」とは自分自身を刷新してゆくことです。学んだことによって学ぶ前とは別人になることです。学ぶことによって語彙《ごい》が変わり、感情の深みが変わり、表情も発声もふるまいもすべて変わることです。「コンテンツ（内容物）」が増加することではなく、「コンテナ（入れ物）」そのものの形状や性質が変わることです。

「呉下《ごか》の阿蒙《あもう》」という話があります。中国の三国《さんごく》時代の呉にいた呂蒙《りょもう》将軍は勇猛な武人でしたが学問がありませんでした。呉王がそれを惜しんだことに発奮して、呂蒙は学問に励みました。久しぶりに会った同僚の魯粛《ろしゅく》は呂蒙の学識教養の深さに「かつての君とは別人のようだ」と驚きます。すると呂蒙は「士《し》別れて三日、即《すなわ》ち更《さら》に刮目《かつもく》して相待《あいたい》すべし」と応じます。学ぶ人間は三日会わないともう別人になっているので、目を見開いて見なければならない、と。

昔はこのたとえ話をよく学校の先生が語りました。学ぶとは別人になることだという考え方は1960年代くらいまではまだ生き残っていたようです。でも、今の日本の学校でこの話をする教師はまずいません。もう「学びを通じて別人になる」という考えは日本社会では共有されていない。人間は変わらないまま知識や情報が増え、技能や資格が身につく。そういう「学び」観が支配的です。

別人になることへの強い抑圧の力は友人同士の間でも働いています。学校に入って、新しいクラスや部活で、新しい友人グループができると、一人一人に「キャラ設定」がなされます。与えられたキャラを忠実に演じている限り、グループ内には居場所が保証されます。でも、与えられたキャラから逸脱《いつだつ》することには強い抑制が働く。

思春期に子どもはどんどん変化します。身体つきも変わるし、声も変わるし、感情の分節も変わる。読む本も聴く音楽も観る映画も変わる。でも、キャラ変更は原則として許されません。グループの「和」を乱すから。だから、友だちに別人になりそうな予兆が見えると周《まわ》りは「らしくないことをするなよ」「らしくないことを言うなよ」というかたちで変化を阻止しようとする。友だちの変化を否定的にとらえるのは、とても危険なことだし、不幸なことです。変化することは自然なことなんです。それは祝福してあげるべきことなんです。

――社会はどんどん変化する中で、どのように生きていけばいいのでしょうか。

「夢を持て」「夢を語れ」と言われると高校生たちは暗い顔になるそうです。それはそこで「夢」という言葉で指示されているのが、単なる「人生設計」のことだからです。どの学校でどんな専門を学んで、どんな職業に就《つ》くか、それを早く決めろと急《せ》かされている。早く人生を決めて、決めたレールの上を走って、そこからは外《はず》れるなと言われてうれしがる子どもはいません。

それに、「夢を持て」と言ったって、子どもたちはこの世にどのような学術分野があるか、どんな仕事があるかを知りません。世の中がどういうものかを知らない段階で、「この世の中で、どういう立ち位置を選ぶのか、はやく決めろ」と強制するのはほとんど虐待《ぎゃくたい》です。

ですから、中学生高校生に「将来何になりたい？」というような質問を不用意にすべきではないと僕は思います。そこでうっかり口にした言葉に自分自身が呪縛《じゅばく》されるということがあるからです。10代の頃になんか、将来のことなんか決めなくていいんです。天職というのは、自分で決めるものではなくて、仕事の方から呼びかけてくるものですから、気長に待っていればいい。

――進路や将来就きたい職業について、どう考えていけばいいのでしょうか。

これからの世界で、どんな職業が生き残り、どんな業界が消えるか、それは誰にもわかりません。「この専門を勉強すれば、一生食うに困らない」というような専門分野は残念ながら存在しません。ですから、「あまりやりたくないけれど、この職なら食えそうだから」というような理由で専門を選ぶべきではありません。「やりたくない仕事」の専門家に我慢してなったけれど、それでは「食えなかった」というのでは、救いがありません。

なかなか「やりたい仕事」は決められないでしょうけれども、「やりたくない仕事」「これは無理という仕事」は高校生だってわかるはずです。とりあえずは、それを選択肢から外《はず》してゆけばいい。

それに僕たちが仕事を選ぶ時の基準は実は「業種」じゃないんです。それよりもオフィスの雰囲気とか、着ている服とか、同僚とのおしゃべりの話題とか、そういう具体的な日常の空気感で「できる仕事／できない仕事」を選別している。

僕の妻は能楽師《のうがくし》ですが、前に能楽師になった理由を聞いたら、「着物を着る職業だったらなんでもよかった」と教えてくれました。仲居《なかい》さんでも舞妓《まいこ》さんでもよかったんだそうです。そういうものですよ。

僕は二十代で友人と翻訳会社を起業しましたが、正直言えば、業種は何でもよかったんです。定時になったら仕事を終えてみんなでコンサートに行ったり、麻雀《マージャン》やったり、日曜に多摩川の河原で野球やったり、バイクでツーリングに行くような会社を作りたかったというだけです。それが翻訳だったのは「たまたま」です。だから、そのあとその会社の業態はどんどん変わり、出版や広告までやりました。

僕が大学の教師になったのも、ほとんど偶然です。大学院に進学したのは「モラトリアム」のためです。卒業しても就職する気なんかなかった。でも、ただの無職ではちょっと格好が悪いので、大学院にでも行こうかと思った。ところが院の入試には落ちて、大学を卒業してから院に受かるまでの二年間は無職でした。

大学院に入った時に、同時に起業したので、最初のうちは会社経営の方が面白くて、院の授業には全然出ないで、単位もとれないし、成績もひどかった。でも、修士論文《しゅうしろんぶん》を書く時期を迎えて、これくらいはちゃんとしたものを書こうと思って、会社を休んで、半年ほど家にこもって、ひたすら文献《ぶんけん》を読んで、論文を書くという時間を過ごしました。そしたら、その時間が本当に楽しかった。こうやってひたすら本を読んで、原稿用紙のます目を埋《う》めてゆくことが職業になったら楽しいだろうなあと思って、その時に博士課程《はくしかてい》に進学しようと思うようになりました。

さいわい、修士論文は先生たちからわりと高く評価されて、無事に博士課程に進み、その後は研究中心の生き方をするようにしていたら、三年目に助手《じょしゅ》に採用されて、「大学教員」というものになりました。それが31歳のときです。ふつうの学生が就活《しゅうかつ》して定職に就くより10年遅れたことになります。でも、僕はぜんぜんこの「遠回り」を無駄だと思っていません。

大学院浪人の時に翻訳をして生計を立てたことも、その縁《えん》で小学生からの親友である平川克美《ひらかわかつみ》君と起業することになったことも、まったく無駄ではなかった。その間に結婚して、子どもができたり。多田宏《ただひろし》先生という傑出《けっしゅつ》した武道家に出会って、合気道《あいきどう》という武道を始めて、稽古《けいこ》に明け暮れたことも、どれを欠いても、それからあとの僕の人生はまったく違ったものになっていたでしょう。どれも「ご縁」があったからだと思います。自分で選んだわけじゃない。どちらかというと「あちらからお声がけ頂いた」ような気がします。「ご縁」というのは、そういうものです。あちらから「ちょっと手を貸してくれない?」と声をかけられる。僕の場合はこれまでの出来事はなんだか全部そうだったような気がします。その声を聞き逃さないこと。それがたいせつだと思います。

(2023年8月29日)

おわりに

最後までお読みくださって、ありがとうございました。

いかがでした。「何が言いたいのか、よくわからなかったけれど、なんとなく最後まで読んでしまった」という感想を持ってくれたら、僕はとてもうれしいです。というのは「何が言いたいのか、よくわかった」というのはあまりいいことではないからです。だって、そうでしょう、「お前の言いたいことはよくわかった」というのはコミュニケーションを打ち切る時の言葉ですからね。「言いたいことはよくわかった」というのは「だからもう黙れ」という命令を含意《がんい》しているわけです。僕だってそんなこと読者から言われたくありません。書いた方としては、それよりは「何が言いたいのかよくわからない」から「もうちょっと話を続けてください」と言われる方がうれしい。

だって、「あなたって人のことがよ〜くわかったわ」というのは別れの時の言葉じゃないですか。そんなこと人から言われたくないです。人から言われてうれしいのは、「あなたのことをもっと知りたい」です。「もっと知りたい」のは「よくわからない」からですよね。「よくわからないから、もっと知りたい」という思いに駆動《くどう》されて、人はそれまで知らなかった「深いところ」に入ってゆくんです。コミュニケーションというのは、そういうものなんです。

最後になりましたけれど、本書を企画編集してくれた草思社の渡邉大介さんのお骨折りに感謝します。読者の中高生の皆さんとはまた別の本でお会いできることを楽しみにしております。

2025年1月

内田樹

著者略歴

内田 樹（うちだ たつる）

1950年、東京都生まれ。思想家、武道家。神戸女学院大学名誉教授、凱風館館長。著書に『ためらいの倫理学』、『レヴィナスと愛の現象学』、『他者と死者』、『先生はえらい』、『私家版・ユダヤ文化論』（小林秀雄賞）、『日本辺境論』（新書大賞）、『前－哲学的　初期論文集』など多数。伊丹十三賞受賞。

どうしたらいいかわからない時代《じだい》に
僕《ぼく》が中高生《ちゅうこうせい》に言《い》いたいこと

二〇二五年五月一日　第一刷発行

著者　内田《うちだ》 樹《たつる》
装幀者　岡澤理奈
発行者　碇高明
発行所　株式会社草思社
〒一六〇-〇〇二二
東京都新宿区新宿一-一〇-一
電話　営業　〇三（四五八〇）七六七六
編集　〇三（四五八〇）七六八〇
本文組版　株式会社アジュール
本文印刷　株式会社三陽社
付物印刷　株式会社平河工業社
製本所　加藤製本株式会社

造本には十分注意しておりますが、万一、乱丁、落丁、印刷不良などがございましたら、ご面倒ですが、小社営業部宛にお送りください。送料小社負担にてお取替えさせていただきます。

ISBN978-4-7942-2779-9　Printed in Japan　検印省略

著者略歴

内田 樹（うちだ たつる）

1950年、東京都生まれ。思想家、武道家。神戸女学院大学名誉教授、凱風館館長。著書に『ためらいの倫理学』、『レヴィナスと愛の現象学』、『他者と死者』、『先生はえらい』、『私家版・ユダヤ文化論』（小林秀雄賞）、『日本辺境論』（新書大賞）、『前－哲学的　初期論文集』など多数。伊丹十三賞受賞。

どうしたらいいかわからない時代《じだい》に
僕《ぼく》が中高生《ちゅうこうせい》に言《い》いたいこと

二〇二五年五月一日　第一刷発行

著者　内田《うちだ》 樹《たつる》
装幀者　岡澤理奈
発行者　碇高明
発行所　株式会社草思社
〒一六〇-〇〇二二
東京都新宿区新宿一-一〇-一
電話　営業　〇三（四五八〇）七六七六
　　　編集　〇三（四五八〇）七六八〇
本文組版　株式会社アジュール
本文印刷　株式会社三陽社
付物印刷　株式会社平河工業社
製本所　加藤製本株式会社

造本には十分注意しておりますが、万一、乱丁、落丁、印刷不良などがございましたら、ご面倒ですが、小社営業部宛にお送りください。送料小社負担にてお取替えさせていただきます。

ISBN978-4-7942-2779-9　Printed in Japan　検印省略

前-哲学的　初期論文集　内田樹

なぜ人を殺してはいけないのか。
いかにして成熟した大人になるか。

思想家・内田樹が駆け出しのフランス文学者時代に執筆した、フランス文学・哲学関連の論文を集成。偏愛するエマニュエル・レヴィナス（『フッサール現象学における直観の理論』）、アルベール・カミュ（『異邦人』『シシュポスの神話』『カリギュラ』『ペスト』）、モーリス・ブランショ（『文学はいかにして可能か』）を題材に、緊張感溢れる文章で綴った七篇の論考。
著者の原点である倫理的なテーマに真摯に向き合う。

草思社文庫
本体　一、二〇〇円
＊定価は本体価格に消費税を加えた金額になります。

収録作品

二十世紀の倫理——ニーチェ、オルテガ、カミュ
アルジェリアの影——アルベール・カミュと歴史
「意味しないもの」としての〈母〉——アルベール・カミュと性差
鏡像破壊——『カリギュラ』のラカン的読解
アルベール・カミュと演劇
声と光——レヴィナス『フッサール現象学における直観の理論』の読解
面従腹背のテロリズム——『文学はいかにして可能か』のもう一つの読解可能性